Giancarlo Foschi

DEL MAIALE NON SI BUTTA VIA NIENTE

Titolo | Del maiale non si butta via niente
Autore | Giancarlo Foschi

ISBN | 978-88-91181-89-3

Youcanprint Self-Publishing
Via Roma, 73 - 73039 Tricase (LE) - Italy
www.youcanprint.it
info@youcanprint.it
Facebook: facebook.com/youcanprint.it
Twitter: twitter.com/youcanprintit

commento dell'autore

Del Maiale non si butta via niente!!! nasce dalla collaborazione ,mia,
con quel "Porco" del mio coautore citato gia' nel retrocopertina...
SI...quello nella foto.
E' noto a tutti, che del maiale non si butta via niente....MA...
in questo sfizioso libretto volevamo, sempre "io e il mio collaboratore"
evidenziarne tutti gli aspetti ed usi meno conosciuti e improbabili,
iniziando dall'era dei tempi (quando l'uomo ancora non abitava la terra...
ma forse il maiale....SI.)
Qui, riportiamo infatti immagini sconvolgenti,frutto di ricerche,
studi e ritrovamenti recenti che evidenziano la storia evolutiva del
maiale che potrebbe riguardarci molto da vicino .tanto da farci
chiedere: " l'uomo discende dal Maiale???" Secondo noi... SI.
Un viaggio nel tempo, che attraversando i nostri giorni, arriva a
fondate teorie futuristiche che potrebbero stravolgere la storia e
destabilizzare tutte le basi stesse della moderna scienza e del nostro
FUTURO....Buon Viaggio e soprattutto...BUON DIVERTIMENTO.

John Fox

Tutto ebbe inizio milioni di anni fa'...
DALL'ACQUA...

Una delle Perle primordiali,probabilmente una delle "Perle dei Porci"
Si stacco' per cause ignote dalla sua conchiglia primordiale ed inizio'
a fluttuare nell'acqua, sempre primordiale...divenne da prima pesce
primordiale e raggiunse la riva, perse le pinne che si trasformarono
in zampe e in coda.Quindi l'evoluzione origino' il primo essere vivente
sulla terra ferma, il primo "COSUS-PRIMORDIALIS".Ma faceva freddo
e il Cosus si ricopri di pelo e comparvero anche due piccole protuberanze
ai lati del naso, un primo adattamento alle necessita' della terra ferma.
Si ebbe cosi il "COSUS-PRIMORDIALIS-PELOSUS".
Nel corso dell'evoluzione Esso aumento' di dimensione e anche le zanne
divennero enormi come aiuto alla caccia cosi anche il grande naso
si adatto' alla respirazione dell'aria che sappiamo essere primordiale
e non doveva essere proprio aria di campo.Visto che il campo ancora
non c'era.Quindi l'evoluzione origino' il primo essere vivente sulla
terraferma del quale oggi si ha certezza...il gigantesco "MAIALUTH".

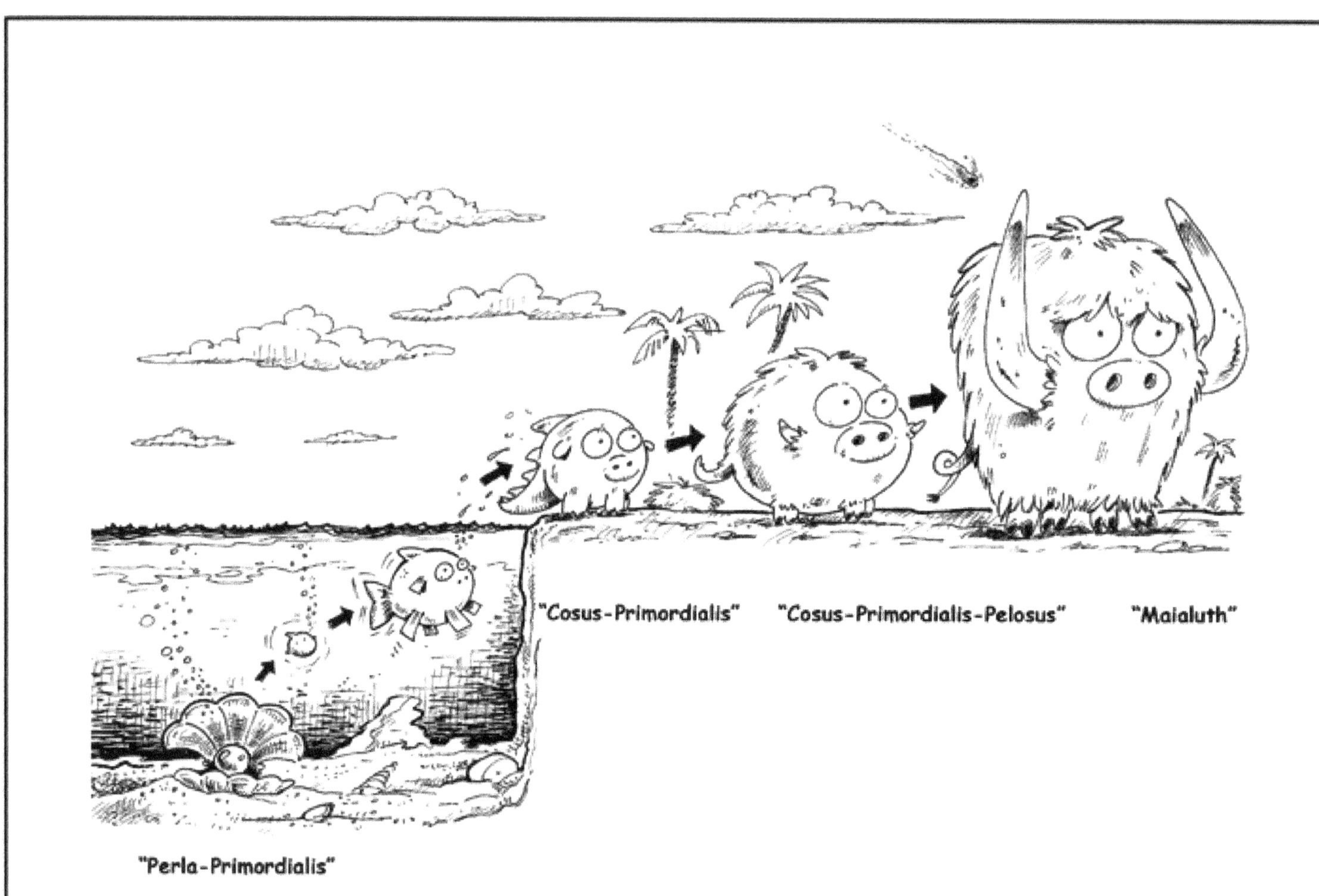

"Perla-Primordialis"
"Cosus-Primordialis"
"Cosus-Primordialis-Pelosus"
"Maialuth"

Sappiamo dalla studio dei reperti fossili che ad un certo punto della preistoria del nostro pianeta...Qualcosa,del quale non si hanno certezze ma solo ipotesi, forse un meteorite...Forse!!!...proveniente dagli spazi siderali, (da non confondersi con gli spazi sederali,altrimenti saremmo stati certi di cosa poteva trattarsi) precipito' sulla Terra.
Gli esiti furono catastrofici...Ci fu un tremendo impatto ed una enorme, globale esplosione.....Booommmmmm...anzi forse ancora piu' grande...
BOOOMMMMMMMMMMMMMM....ecco si...cosi va meglio.
E cosi' l'evoluzione della specie,l'unica presente...il "MAIALUTH" secondo le nostre teorie,(provate da prove provate) prese il corso incredibile che vi mostreremo da qui in avanti...

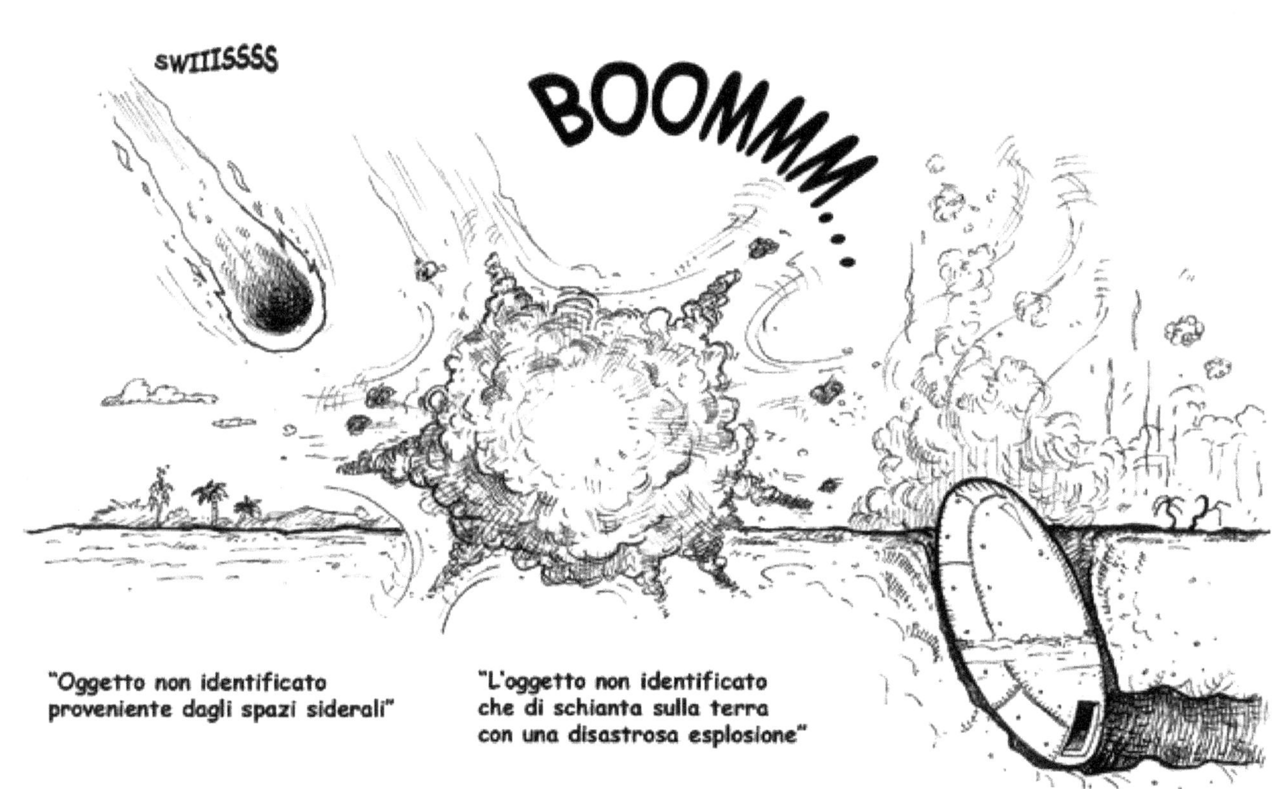

"Oggetto non identificato proveniente dagli spazi siderali"

"L'oggetto non identificato che di schianta sulla terra con una disastrosa esplosione"

"La nostra ipotesi sull'identita' dell'oggetto extraterrestre"

IL MAIALUTH si salvo' dal tremendo impatto ma qualcosa accadde.
Il calore generato dall'esplosione brucio' interamente il pelo rendendolo
quasi completamente glabro.Le zanne si polverizzano e caddero a terra.
E cosi l'evoluzione continuo' per la sua strada originando la creatura
a noi nota come "MAIALUS-PRIMORDIALIS-NOSTRANUS".
A questo punto la comunita' scientifica si divide e sono state formulate
diverse teorie...ma quella per noi maggiormente attendibile e' questa:
Alcuni "MAIALUS-PRIMORDIALIS-NOSTRANUS" incapparono in geysers
e a causa del vapore bollente persero le zampe e furono lanciati in aria...
ma...ma...ma...adattorono rapidamente le orecchie al volo, generando
la creatura oggi notissima come:"MAIALE CON LE ALI",nome scientifico...
"MAIALUS-ALATUS".E non e' troppo azzardata l'ipotesi secondo la quale
la medesima creatura nel medioevo diede origine alla figura mitologica
del leggendario (*DRAGO).
Ma non tutti i Maialus incontrarono i Geysers.Altri iniziarono,spinti
da una Strana Forza ad assumere una posizione eretta.
Abbiamo a questo stadio evolutivo "L'AUSTRALO-MAIALUS".

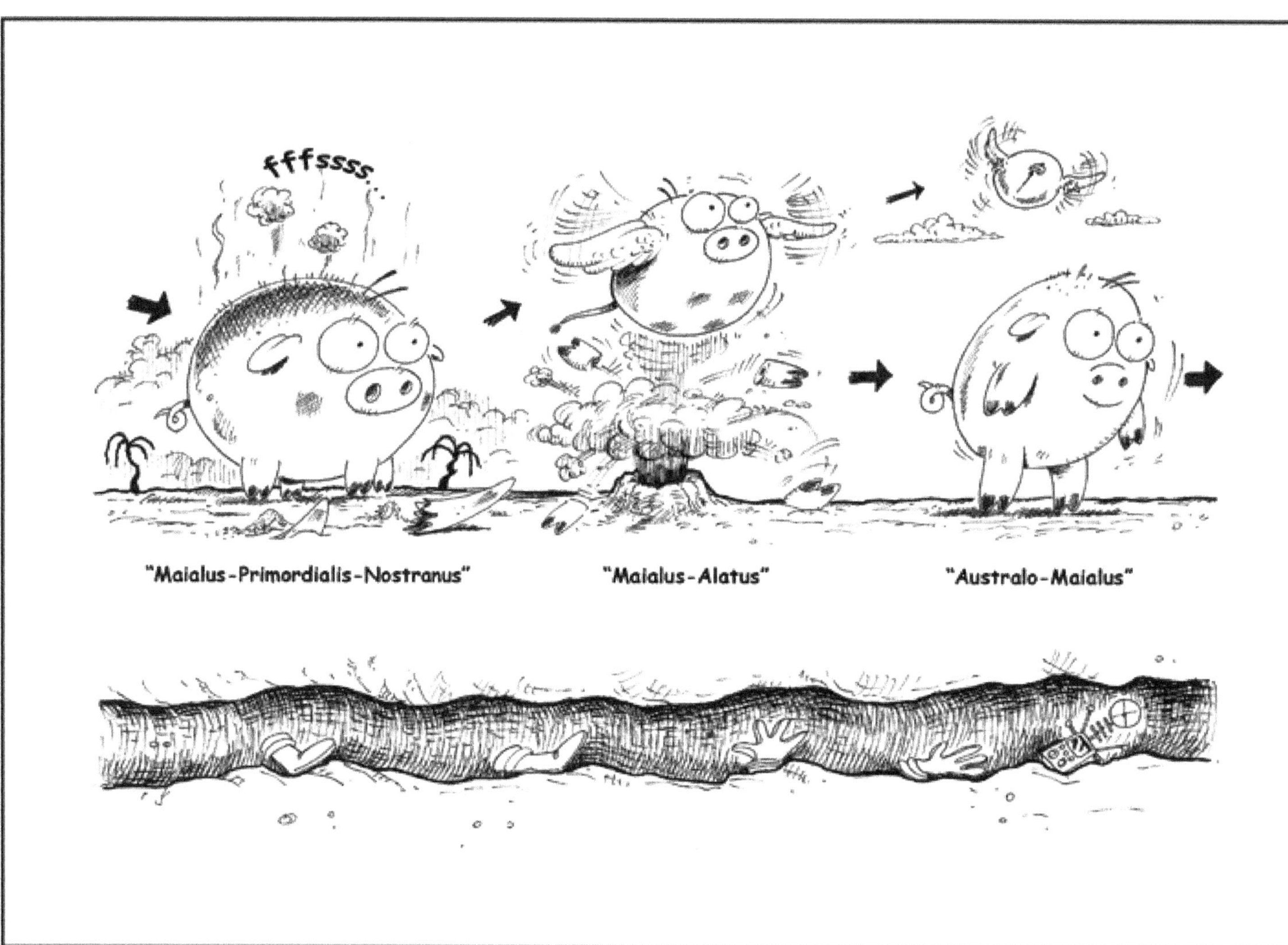

fffsssss
"Maialus-Primordialis-Nostranus"
"Maialus-Alatus"
"Australo-Maialus"

L'Australo-Maialus,come sappiamo si erse sulle zampe posteriori,
Spinto da una forza di attrazione sconosciuta.
Inizio' ad alzarsi di statura e a sviluppare sul capo una folta chioma.
Come e' noto,la chioma e' necessaria per cacciare gli insetti e a
rendere maggiormente fascinosa la figura.Le estremita' furono ampliate
e divennero prensili per meglio adattarsi alla palpazione.
La coda subi' anch'essa una trasformazione,non piu' necessaria sulla
parte retrostante,si sposto' anteriormente,forse spinta dalla stessa
forza che attraeva e trasformava L'Australo-Maialus nei successivi
stadi evoluzionistici. Si ha cosi dopo L'Australo-Maialus il...
"MAIALUS ERECTUS" dal quele derivo' il successivo "MAIALUS ABILIS"
e ancora "L'OMINIDES ECCITABILIS" e in ultimo il notissimo
"OMINIDES INFOIATUS SAPIENS" .INCREDIBILE...Quindi l'uomo
deriverebbe dal Maialus Primordialis Nostranus...ma recenti ritrovamenti
hanno sfatato questa incredibile ipotesi....L'Ominides Infoiatus Sapiens
non si e' rivelato uno stadio finale, ma uno stadio intermedio.
La comunita'scientifica concorda nel fatto che la forza verso la quale
fu' attratto segno' la sua fine, come e' chiaro dai segni di vertebre
spaccate sui pochi scheletri di recente scoperta.

"Mailalus-Erectus"
"Maialus-Abilis"
"Ominides-Eccitabilis"
"Ominides-Infoiatus-Sapiens"

Presumibilmente, la forza sconosciuta che attrasse "L'OMINIDES INFOIATUS SAPIENS" era generata da una creatura nota come LUCY termine scientifico "DONNA SEXUALIS ABILIS" diretta discendente dalla Sirena,figura mitica molto antica,che sappiamo essere dotata di una irresistibile forza di attrazione ,caratteristica che probabilmente rimase inalterata anche nel dna della successiva Donna-Sexualis-Abilis.
L'ipotesi piu' accreditata, vede, l'Ominides-Infoiatus-Sapiens (accecato dalla Forza emanata dalla Donna-sexualis...) tentare in maniera poco accorta un qualche tipo di approccio sessuale o piu' semplicemente intento a cogliere quelli che potevano sembrare alla sua semplice mente succosi frutti.

"Ominides-Infoiatus-Sapiens"   "Donna-Sexualis-Abilis"   "Sirena"

La cosa non fu' presa bene dalla Donna-Sexualis-Abilis che si mostro'
come creatura assolutamente violenta e caratterialmente mutevole, tanto
da trasformarsi in "DONNA-RANDELLUS-ABILIS-ABILIS" .
Ella Reagi' probabilmente colpendo il malcapitato Ominides-Infoiatus...
piu' volte con un randello gigante.
Senza saperlo stava agendo sensibilmente sulla storia evoluzionistica della
specie. L'Ominides con la schiena a pezzi perse la posizione eretta
tornando a deambulare carponi, perse la prensilita' degli arti e la chioma
non piu' necessaria, trasformandosi nello stadio evolutivo noto come:
"OMINIDES-MALMENATUS-DISABILIS". A questo punto la memoria
ancestrale, ricordando l'origine della specie ritrasformo' L'Ominides in
"MAIALUS-SECONDARIUS" e poi ancora involvendo fino a tornare al
"MAIALUS-NOSTRANUS" chiamato anche "MAIALUS-EDIBILIS" per
l'uso che ne fece La Donna-Randellus-Abilis-Abilis, la cui evoluzione invece
si arresto' di colpo rimanendo inalterata fino ai nostri giorni.

"Donna-Randellus-Abilis-Abilis"

"Ominides-Malmenatus-Disabilis"

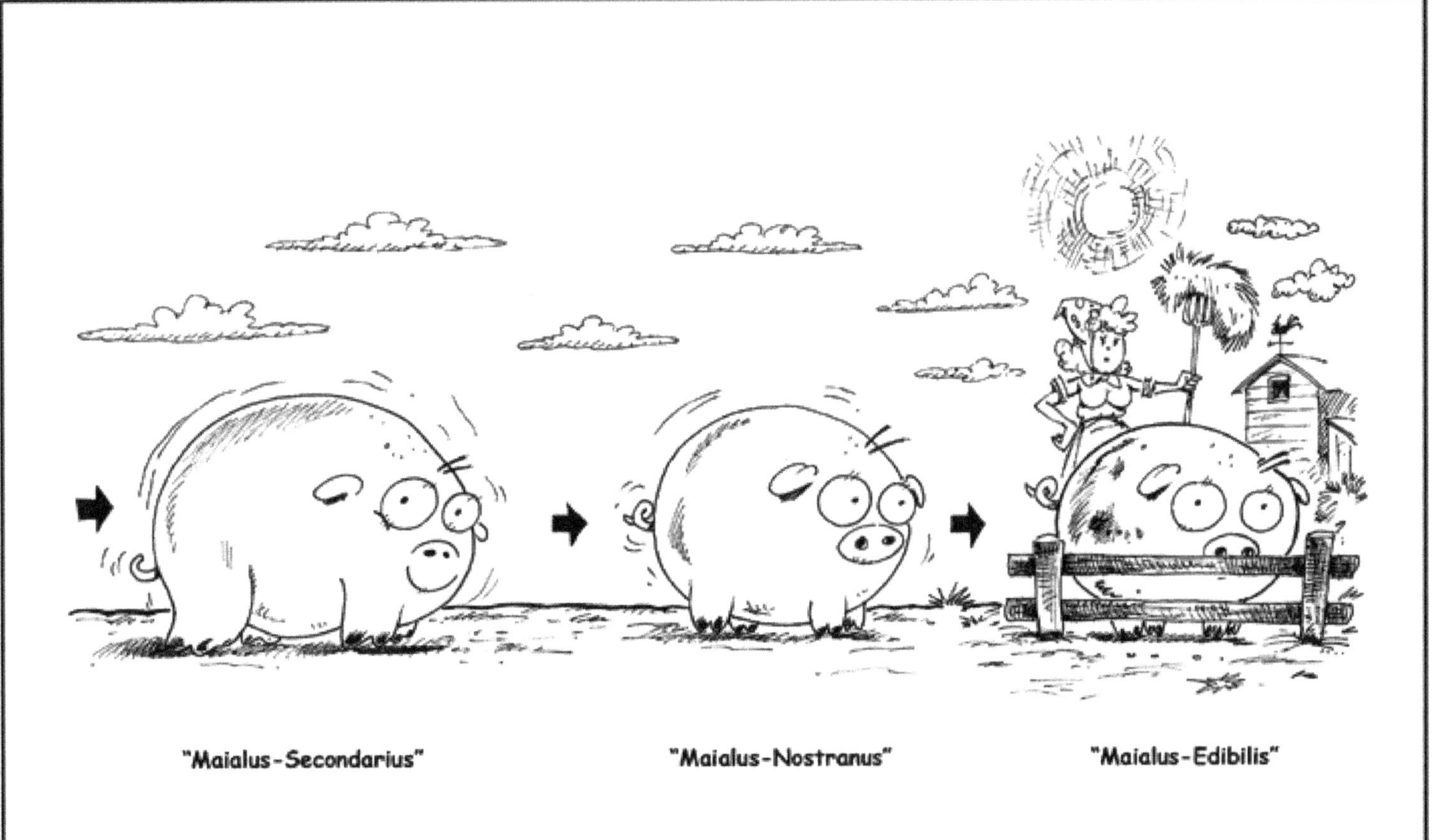

"Maialus-Secondarius"
"Maialus-Nostranus"
"Maialus-Edibilis"

Abbiamo fino a qui constatato come l'uomo potrebbe secondo accreditate ipotesi derivare anch'egli dal maiale (non a caso il maiale e' l'animale biologicamente piu' compatibile con l'uomo) praticamente siamo quasi la stessa cosa.
Il materiale "INCREDIBILE" che stiamo per mostrarvi e'stato tenuto nascosto negli archivi segreti di istituti internazionali, e solo adesso e' tornato alla luce grazie alle nostre indagini e ricerche.
Vedrete prove schiaccianti che rivelano quanto antiche siano le origini del "MAIALE" moderno, il suo ruolo nella storia e nella vita di antiche popolazioni come i MAYA, il cui nome con certezza deriva appunto della Divinita' chiamata "MAYA-LE" venerato come entita' celeste e addirittura, forse...EXTRATERRESTRE...

"Ritrovamento del famoso Maialuth sulla sommita' di una cima Himalayana"

Ritrovamento su una cima Himalayana del corpo integro congelato del "MAIALUTH".
Il preistorico pachiderma del quale si ignorava l'esistenza e che rappresenta uno dei cardini della nostra teoria evolutiva.

"Ritrovamento delle pittografie rupestri che hanno come soggetto il Maialuth"

Pittografie rupestri di recente scoperta che
mostrano Ominidi a caccia del Maialuth.
(probabilmente esemplari scampati alla
catastrofica esplosione) e di
come il gigantesco animale usasse difendersi
emettendo gas letali per evitare la cattura.

MAIALUS
PRIMORDIALIS

Insieme di ossa rinvenute un po' ovunque che ricomposte hanno incredibilmente mostrato lo scheletro di quello che si ritiene essere un esemplare gigante di "Maialus-Primordialis" altra prova schiacciante a supporto della nostra ipotesi evolutiva.

"Pitture murali - civilta' Maya - raffiguranti il gioco della Pelota"

Pitture murali Maya rinvenute a Chiche'n Itza che mostrano il sacro gioco della Pelota... Ponete l'attenzione sulla palla fatta di pelle cucita...non vi dice niente?????

"Bassorilievo in pietra-civilta' Maya-"

Bassorilievo in pietra,sempre di origine Maya che mostra un sacro giocatore del sacro gioco della sacra pelota che coccola amorevolmente un cucciolo di maiale,rappresentazione terrestre della divinita' "Maya-le" prima che questi venga trasformato nella sacra palla per il sacro gioco della sacra pelota.

"Calendario-Bassorilievo in pietra-Civilta' Maya"

Bassorilievo Maya in pietra rappresentante il retro del famoso calendario dove potrebbero essere contenuti indizi preziosi riguardo alle predizioni di catastrofi che potrebbero colpire la terra nel 2012.

"il famoso Maiale di cristallo"

Rappresentazione di "MAYA-LE" in cristallo,
meno nota del famoso teschio ma ugualmente,
anzi, maggiormente sconcertante, non solo per
la perfezione della fattura ricavata da un unico
blocco di cristallo puro,ma per gli Euro in esso
contenuti.
UN ALTRO MISTERO SENZA RISPOSTE.

"Geoglifi-Piana di Nazca-Peru"

Schema della vista aerea della piana desertica
di Nazca in Peru'.Sono evidenti diverse figure di
animali stilizzati, visibili solo dall'alto.
Si presume potessero essere piste di atterraggio
per velivoli provenienti dallo spazio.

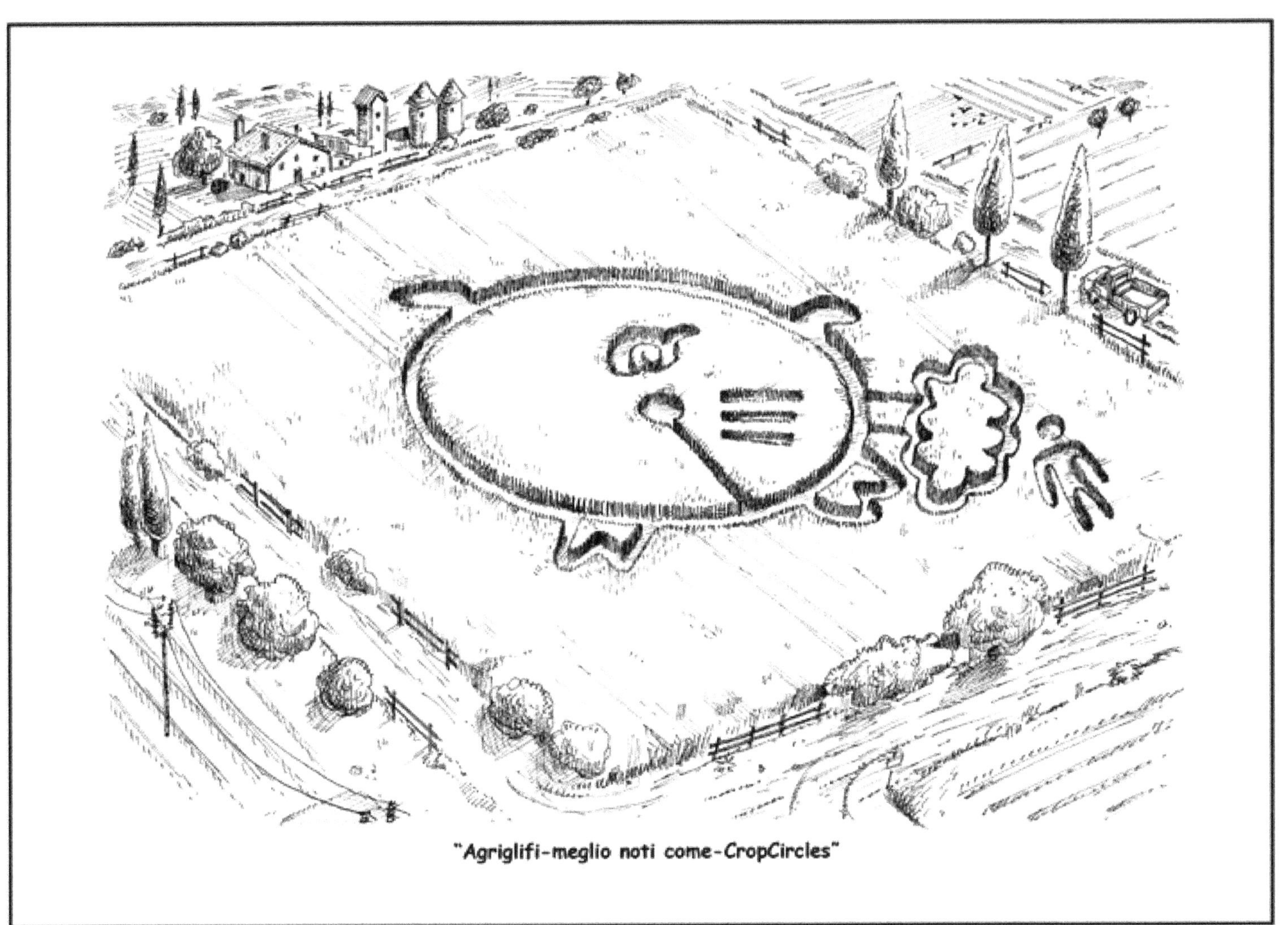

"Agriglifi–meglio noti come–CropCircles"

"Agriglifi-meglio noti come-CropCircles"

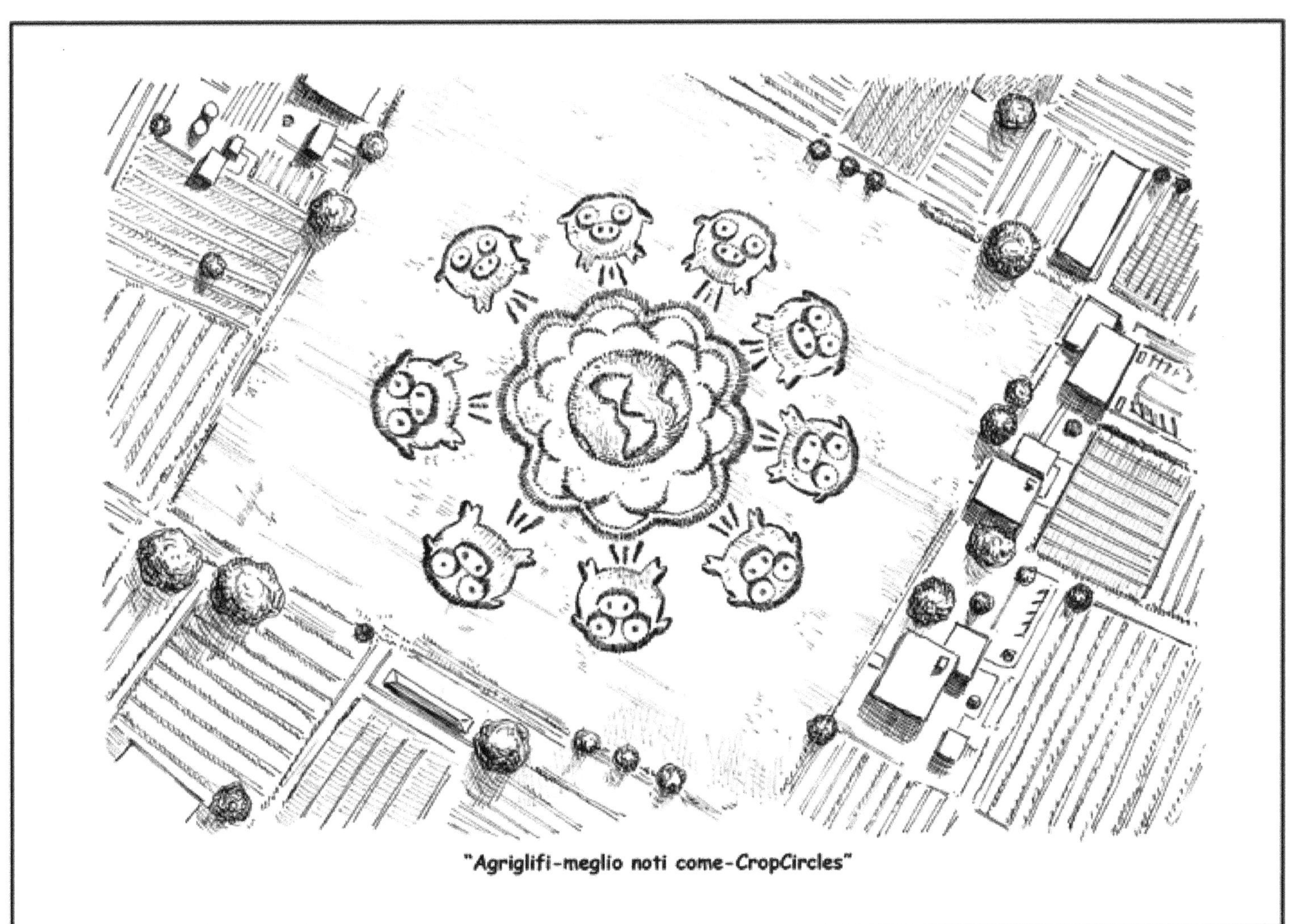

"Agriglifi-meglio noti come-CropCircles"

Serie di Agriglifi noti agli ufologi di tutto il
mondo con il nome di CROPCIRCLES, ovvero
"cerchi nel grano" di quasi certa origine Aliena.
In questi in particolare, gli ufologi ritengono
siano evidenti alcuni misteriosi segni che
sarebbero un chiaro avvertimento, forse anche
un vero e proprio minaccioso...
ULTIMATUM ALLA TERRA

"Foto Recente della famosissima-AREA 51"

Foto scattata di recente da un ufologo amatore
che ci ha fatto recapitare questa istantanea
scattata nella famosa AREA 51.
Purtroppo dell'ufologo non si hanno piu' notizie

"SBARCO SULLA LUNA"

"Foto conosciuta-immagine parziale"

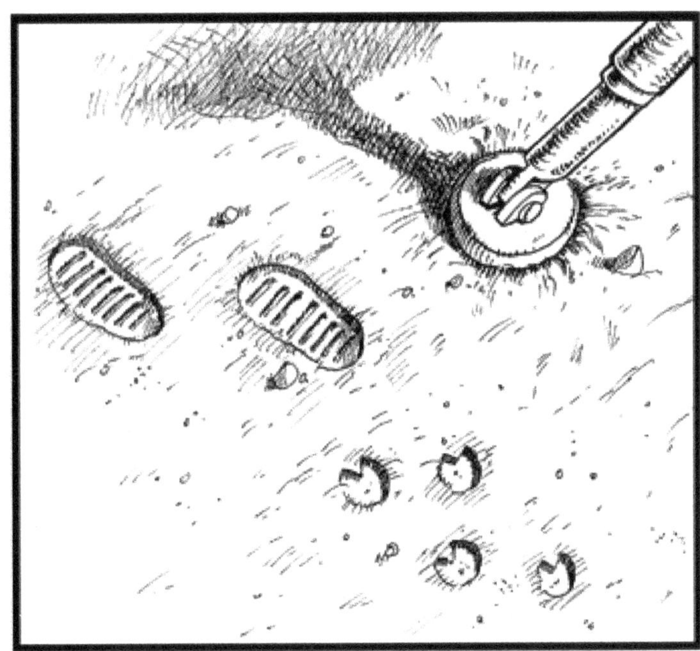

"Foto mai resa pubblica-immagine totale"

Immagine parziale della foto della prima orma
dell'uomo sulla Luna.Si tratta della porzione
mostrata all'opinione pubblica e al mondo intero.
Accanto l'immagine totale dell'intero fotogramma
tenuto nascosto negli archivi segreti della NASA.

"Foto conosciuta-immagine parziale"

"Foto mai resa pubblica-immagine totale"

Immagine parziale della foto del suolo Marziano inviata dalla sonda rover SPIRIT nel 2004. Accanto immagine totale della stessa foto rintracciata in fascicoli top-secret.

"IL MISTERIOSO MOSTRO DI LOCHNESS"

"Foto conosciuta-immagine di superficie"

"Foto mai resa pubblica-immagine sottomarina"

Famoso scatto del lago di Lochness, con la
sagoma scura dell'omonimo mostro.
Accanto,l'inedita foto subacquea di uno studioso
scattata lo stesso giorno e alla stessa ora.
Sono evidenti le similitudini che mostrano
un' altra verita' celata nelle acque del lago:
La foto mostra chiaramente UN ESEMPLARE
VIVENTE DI..."MAIALUS-PRIMORDIALIS".

"Famoso dipinto-Dama con maialino"

Quanti misteri aspettano di essere chiariti e quante incredibili rivelazioni intorno alla figura del Maiale.
Le nostre ricerche ci hanno portato a conoscenza di come l'uso del maiale, da sacra divinita',da modello per quadri famosi (come questa di recente attribuzione Leonardesca battezzata con il titolo: "DAMA CON IL MAIALINO") sia poi passato agli usi e alle sperimentazioni nei campi piu' svariati, spesso segrete e illecite, ma Noi le abbiamo scoperte e ve le mostriamo.

"Sperimentazione del Maiale come erogatore di gas per lanciafiamme militare-inesauribile"

"Uso Postumo dopo l'abbattimento-come stabile sostegno per fucile mitragliatore"

"Uso del maiale come AirBag in Pelle Autogonfiabile-solo su auto di lusso"

"Mai messo in commercio per via dell'odore del gas all'interno dell'AIRBAG"

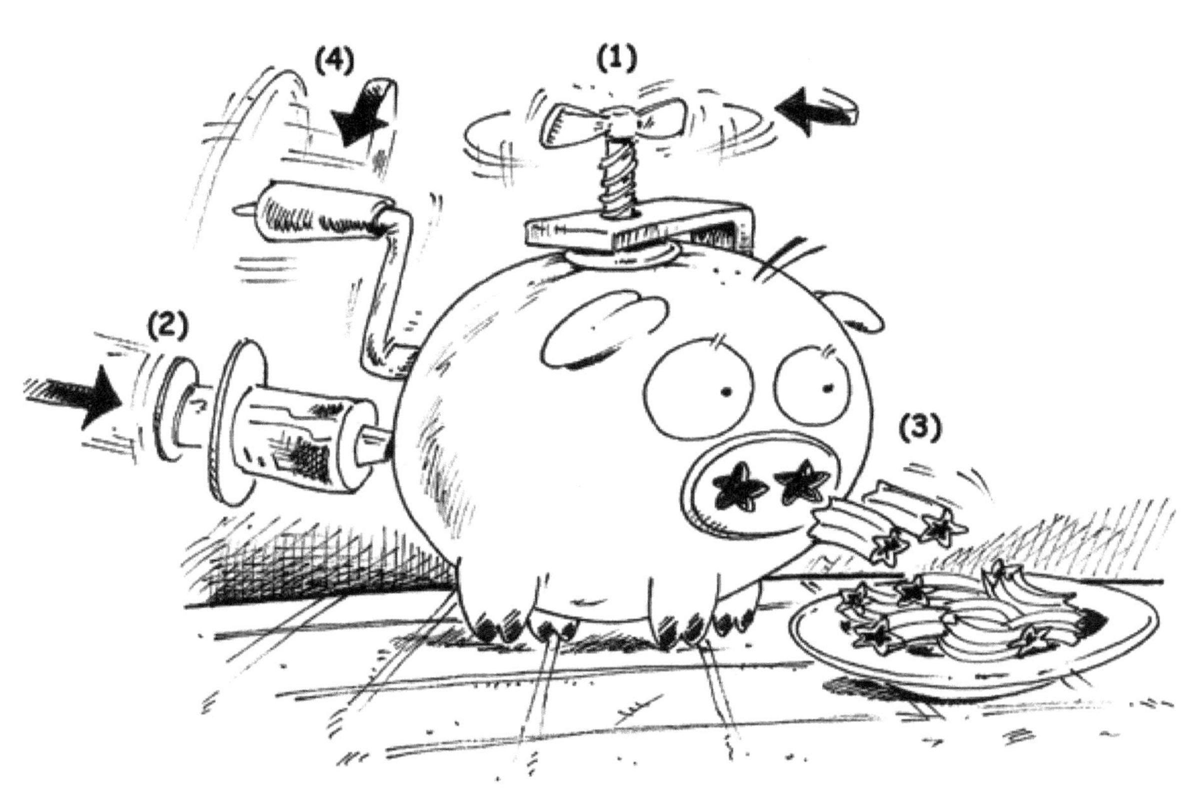

"Prototipo di Trafila-Mai messa in commercio per il retrogusto sgradevole della pasta"

ISTRUZIONI PER L'USO DELLA TRAFILA

1) Assicurare saldamente la trafila al piano di lavoro con il morsetto in dotazione.

2) Inserire con delicatezza l'impasto nel buco posteriore con l'apposito dosatore graduato.

3) Montare il tipo di trafilatura desiderato nella sede anteriore, avvitando con forza.

4) Girare la manovella in dotazione fino ad avere la fuoriuscita della pasta desiderata.

"Prototipo di mixer a fruste"

"Mai commercializzato a causa degli effetti collaterali"

"Dispenser di insaccati spalmabili DOC con chiavetta in dotazione"

disponibili 4 gusti: Prosciutto, Salame, Mortadella e il nuovissimo Fior di salsiccia

"Uso corretto del dispenser di insaccato spalmabile"

"Utilizzo come bombola di Gas Metano praticamente inesauribile"

puo' essere usato anteriormente cme smaltitore di rifiuti organici

"Sperimentazione nella coltivazione biologica come concimante e irrigatore naturale"

"Prototipo di reggiseno ad effetto maggiorato"

Oggi usato (cause estetiche) solo come protesi interna

"Proposta dell'associazione animalista PRO-TORO "

"Casco da motociclista in pelle, confortevole e sicuro"

fornito di straordinaria areazione grazie alle prese d'aria anteriori...

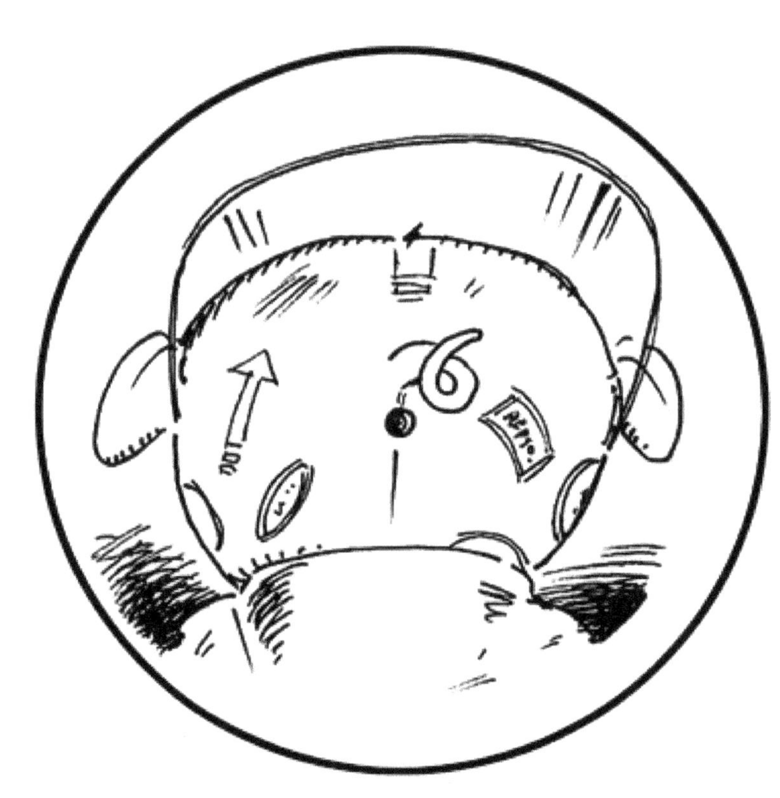

...E A QUELLE POSTERIORI

IMPORTANTE

Avvisiamo che la visione delle pagine seguenti per le immagini in esse contenute (prova di illegali sperimentazioni genetiche in laboratori clandestini) e' consigliata ad un pubblico adulto e sconsigliata a persone deboli di cuore e di stomaco.

"MAIALE"
"POLLO"
" ? "
GENETICS SECRET EXPERIMENT -1

"MAIALE"
"CANE"
" ? "
GENETICS SECRET EXPERIMENT -2

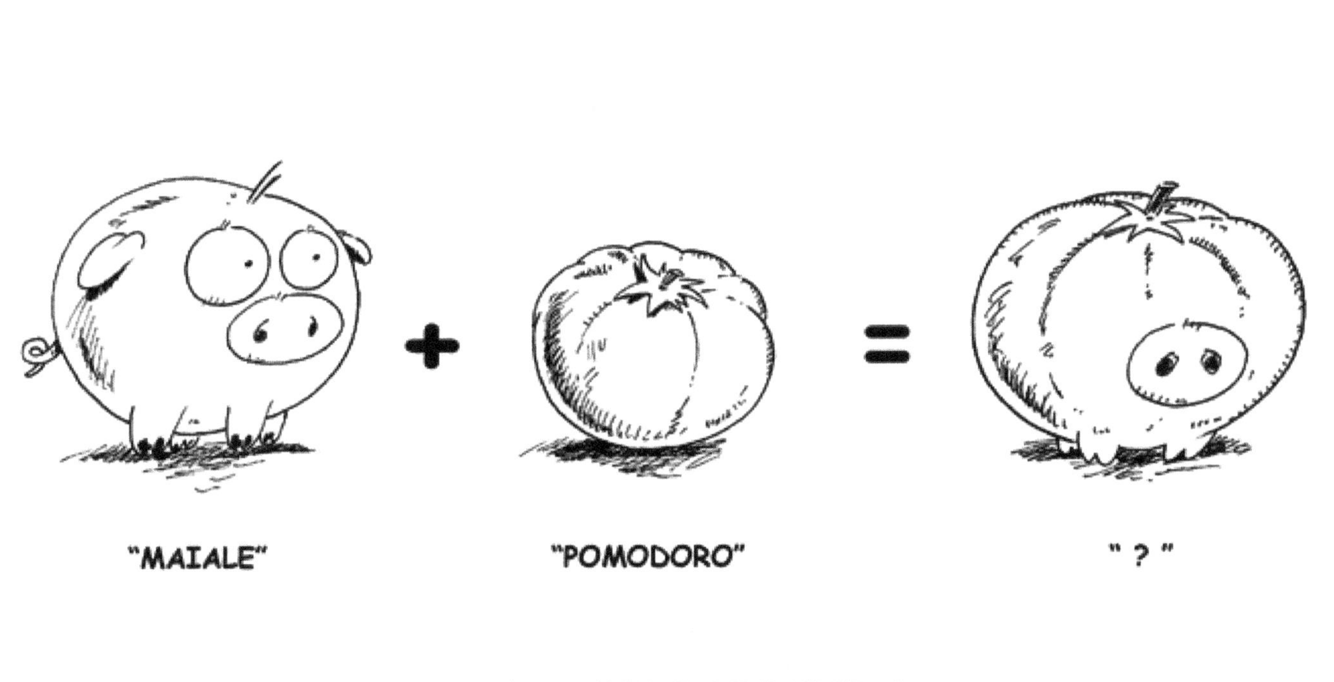
"MAIALE"
"POMODORO"
" ? "
GENETICS SECRET EXPERIMENT -3

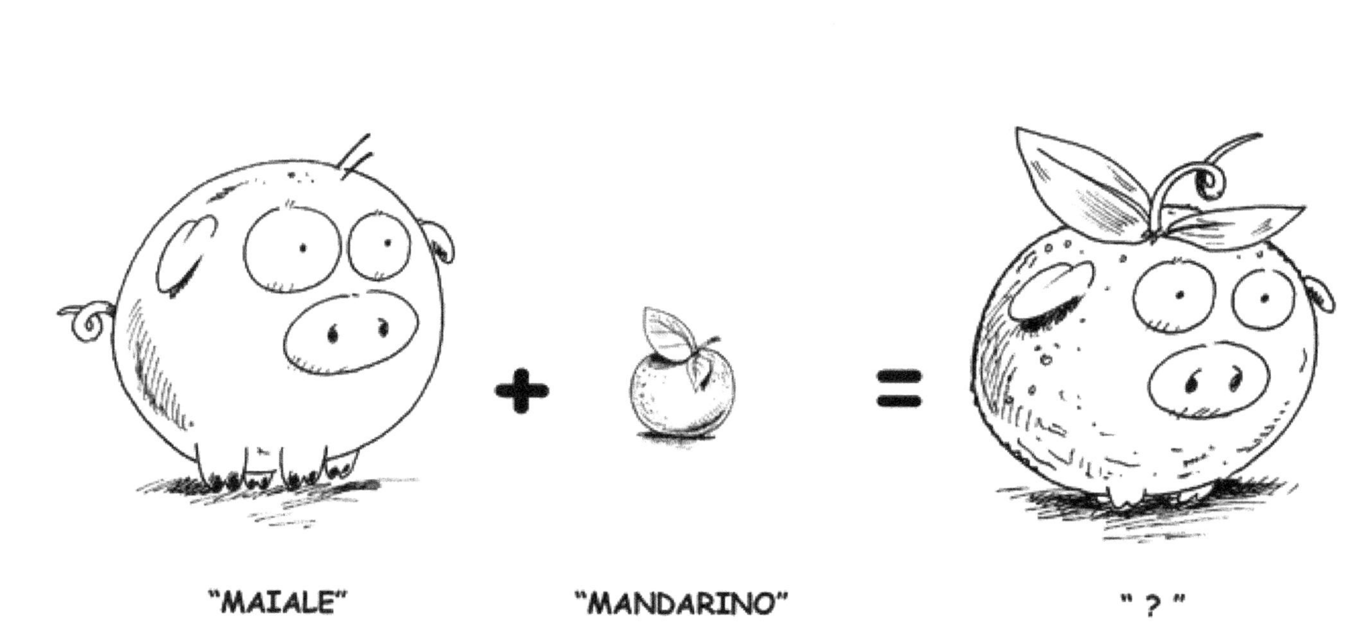

"MAIALE"
"MANDARINO"
" ? "
GENETICS SECRET EXPERIMENT -4

"MAIALE"
"POLPO"
" ? "
GENETICS SECRET EXPERIMENT -5

Come da noi ipotizzato, l'evoluzione del Maiale diede origine all'uomo, e questi dopo l'incontro con la Donna-Randellus-Abilis per involuzione ritorno'allo stato originario di Maiale Nostranus. Ma la nostra teoria evolutiva non finisce qui. Abbiamo motivo di pensare che l'evoluzione prosegui'...Tutto ebbe origine dall'acqua e tutto all'acqua ritorno'... MA DOPO...

"Maialus-Edibilis"
"Insaccatus-Edibilis-Moltobonus"
"ERAVAMO ARRIVATI QUI..."

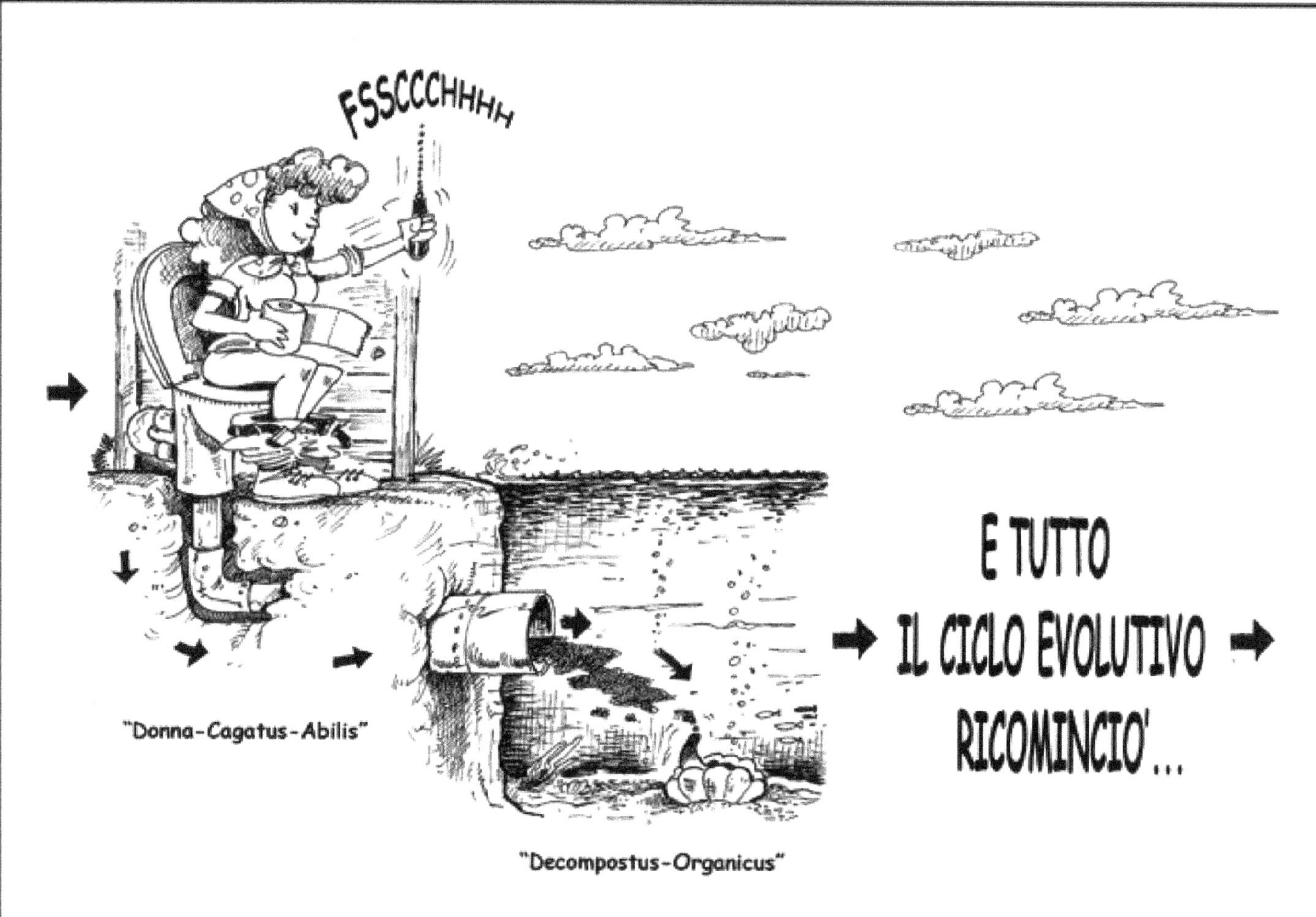

FSSCCCHHHH
E TUTTO
IL CICLO EVOLUTIVO
RICOMINCIO'...
"Donna-Cagatus-Abilis"
"Decompostus-Organicus"

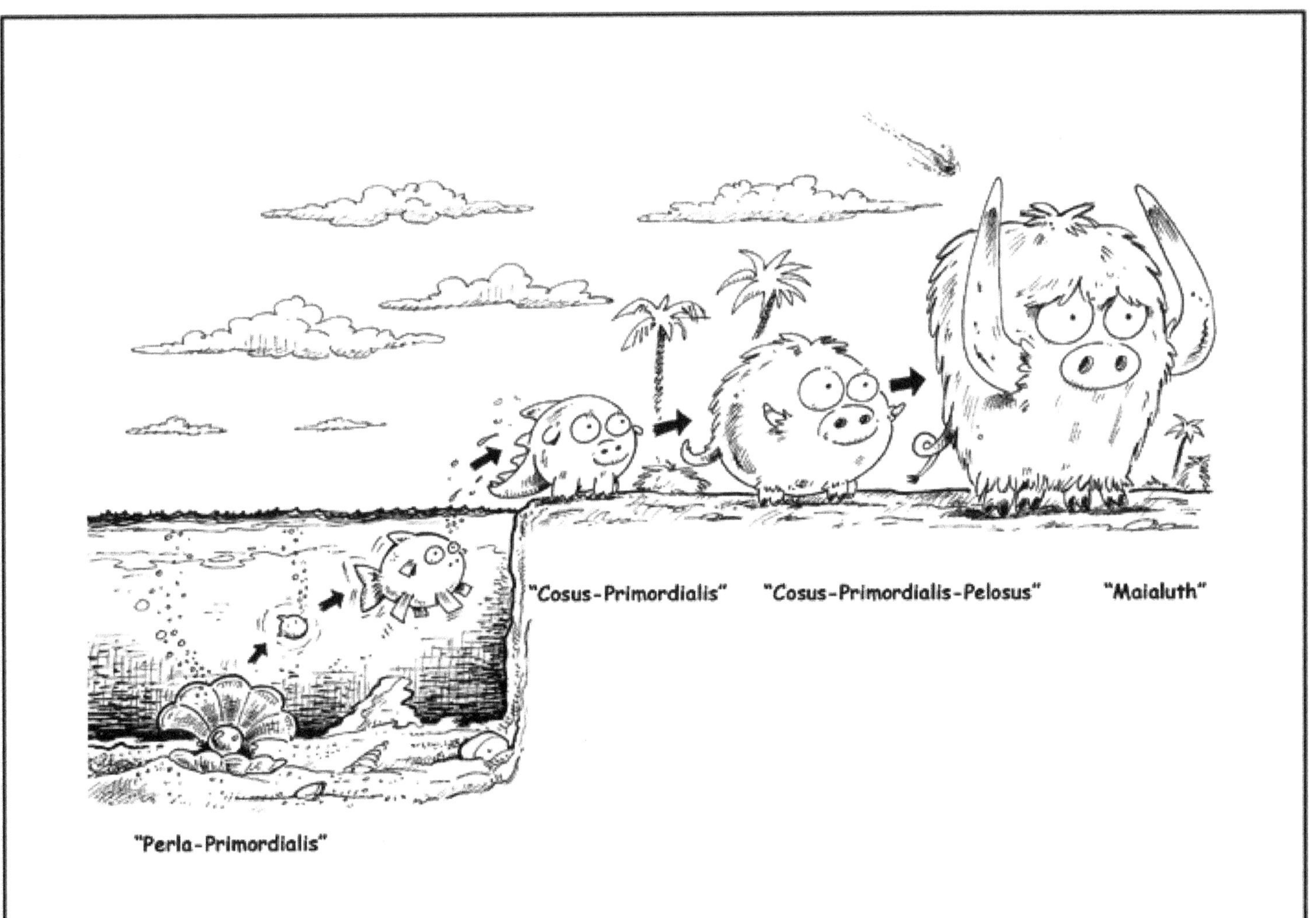

"Perla-Primordialis"
"Cosus-Primordialis"
"Cosus-Primordialis-Pelosus"
"Maialuth"

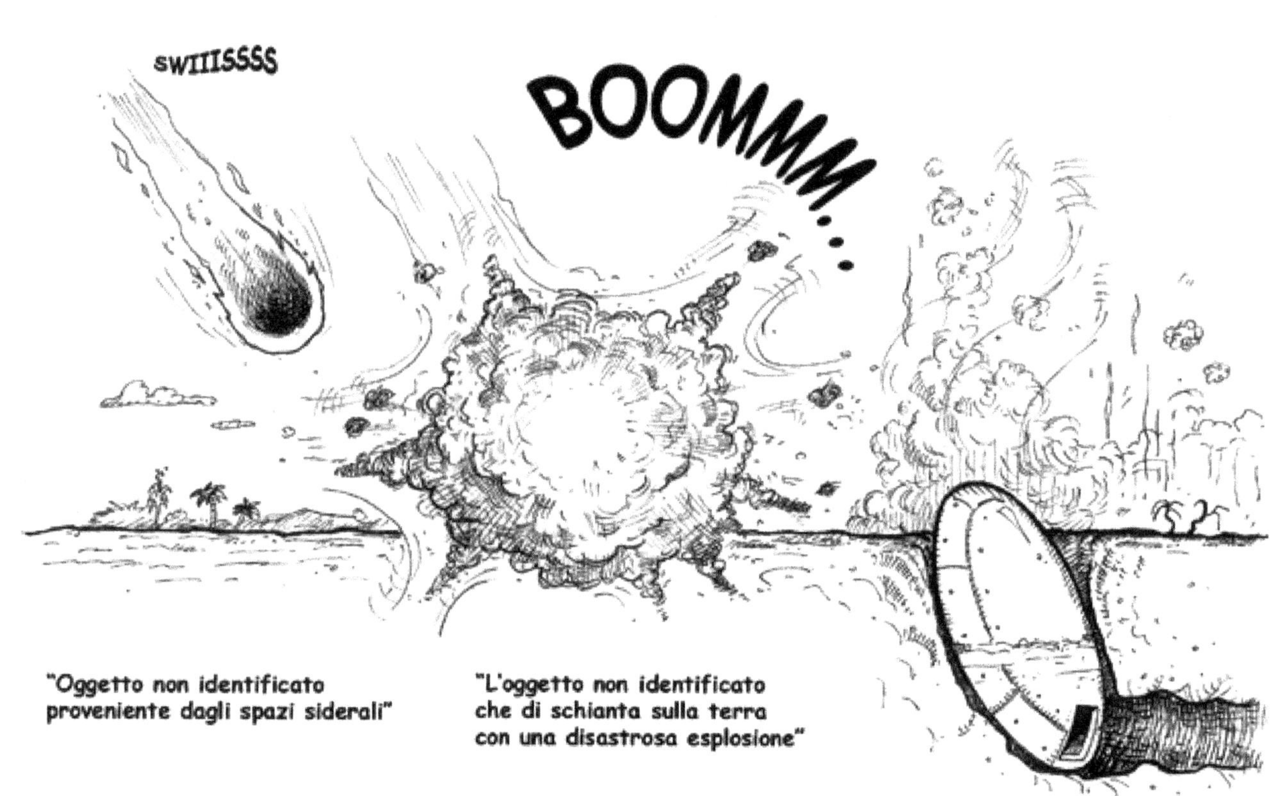

SWIIISSSS
BOOMM...
"Oggetto non identificato proveniente dagli spazi siderali"
"L'oggetto non identificato che di schianta sulla terra con una disastrosa esplosione"
"La nostra ipotesi sull'identita' dell'oggetto extraterrestre"

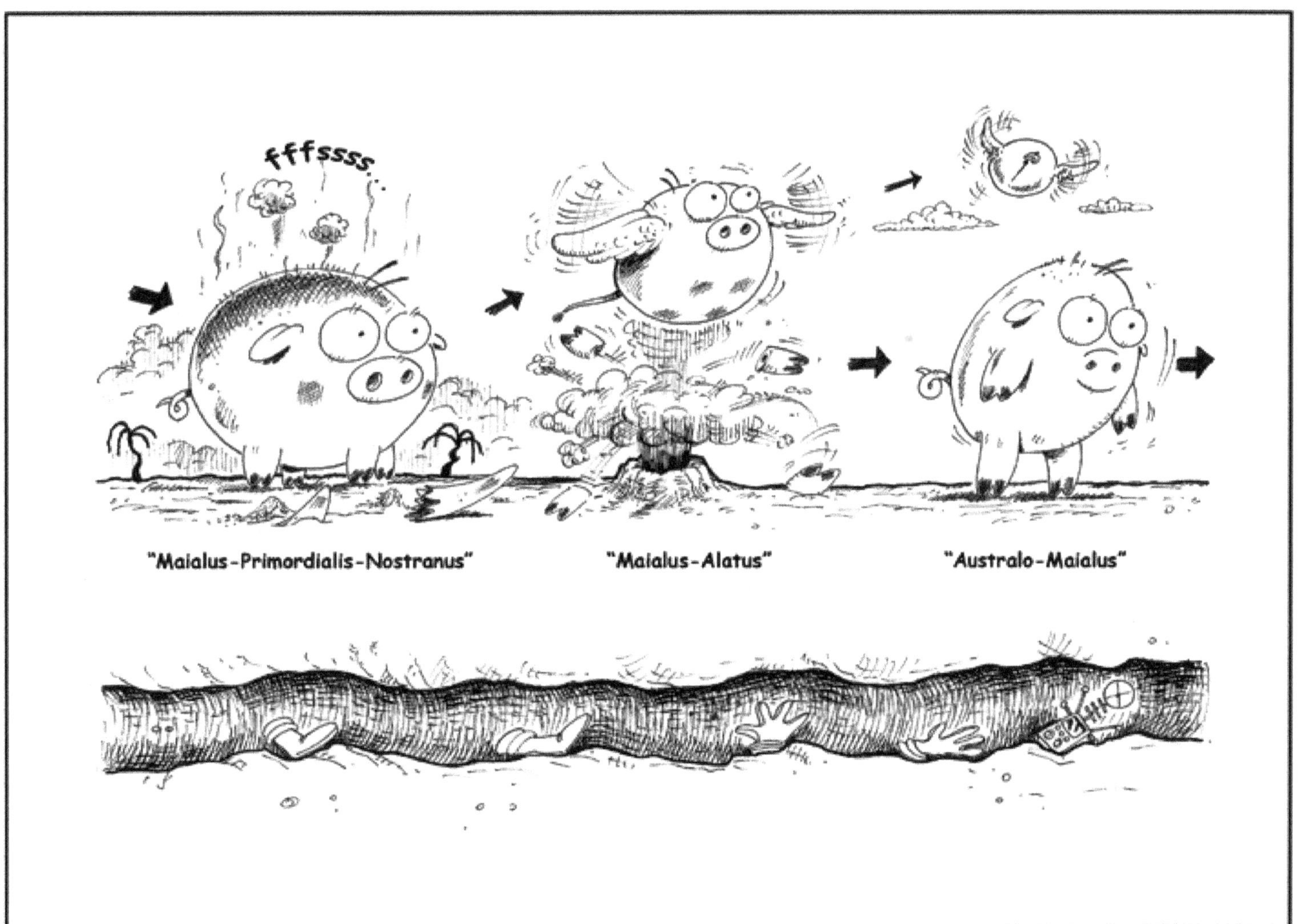

"Maialus-Primordialis-Nostranus"

"Maialus-Alatus"

"Australo-Maialus"

"Mailalus-Erectus"
"Maialus-Abilis"
"Ominides-Eccitabilis"
"Ominides-Infoiatus-Sapiens"

"Donna-Sexualis-Abilis"   "Ominides-Infoiatus-Sapiens"

Ipotizziamo che nel DNA del nuovo esemplare di Ominides,possa essersi sviluppato un gene (antidoto) che lo ha reso immune alla forza d'attrazione esercitata dalla Donna-Sexualis-Abilis.
(Probabile residuo genetico rimasto all'interno del Decompostus-Organicus).
Ma subi' lo stesso la potenza di un 'altra delle molteplici forze presenti in quella remota epoca.
Quindi le nostre ricerche ci portano a pensare che questa volta il destino dell'Ominides-Infoiatus-Sapiens fu' del tutto...Diverso.
Ma a riprova della nostra Teoria Evolutiva,ancora Oggi la Donna,o meglio la memoria ancestrale della donna,se un Ominide maschio tenta approcci sessuali,o piu' semplicemente,prova a coglierne i succosi frutti....
usa apostrofarlo come "MAIALE" o "PORCO"..

"EPILOGUS"

commento del coautore

Oink…Oink,Oink…(Grunf)…Oink, Oink,Oink,Oink,Oink…
OOOOOOOOOOOOOOOOOink…."PROOOOOOOOOOOT".
BURRRPPP…GRUNFFFF…PRRRRRRRRRRRRR…GRUNF.
Oink oink oink oink oinkoinkoinkoinkoinkoinkoinkoinkoinkoink=
Oinkoinkoinkoinkoinkoinkoinkoinkoinkoinkoinkoinkoinkoinkoinkoink=
Oinoinkoinkoinkoinkoinkoinkoinkoinkoinkoinkoinkoinkoinkoinkoinkoink.
(GNAM, GNAM,GRUNF,BURP,PRRRRRRRRRRRRRRRRRRRRRRRRR=
RRRRRRRRRRRRRRRRRRRRRRRRRRRRRRRRRRRRRRRRRRRRRRRRR=
RRRRRRRRRRRRRRRRRRRRRRRRRRRRRRRRRRRRRRRRRRRRRRRRR).
Oink??? Oinkoinkoinkoinkoinkoinkoinkoinkoinkoinkoinkoinkoink=
Oinkoinkoinkoinkoinkoinkoinkoinkoinkoinkoinkoinkoinkoinkoink=
Oinkoinkoinkoinkoinkoinkoinkoinkoinkoinkoinkoinkoinkoinkoinkoik.
(GNAMMM…GNAMMM…BURPPP…GRUNFFFF….RONFFFFF…
RONF…RONNFFFF…ROOONNNFFFFFFFFFFFFFFFFFFFFFFFFFFFF
FFFFFFFFFFFFFFFFFFFFFFFFFFFFFFFFFFFFFFFFFFFFFF………….)

* (DRAGO-MEDIEVALE)

John Fox, nome d'arte di G.Foschi.
Nasce a Roma nel 1967, Laureato
in Scenografia all'Accademia di B.A.
Inizia presto a collaborare come
illustratore in diverse riviste per
ragazzi e come character designer,
capo animatore e storyboardesigner
per corti, serie e lunghi metraggi di
animazione, nonche' pubblicita'.
Scenografo presso una importante
emittente Televisiva, non tralascia
la sua passione per il disegno,
in particolare quello umoristico come
in questo piccolo cammeo "ROSA".

Del maiale non si butta via niente!!!
propone con vignette satiriche,
irriverenti e a volte bonariamente
crudeli, improbabili e divertenti
usi e consumi del Maiale.
Questo delizioso libretto
Nasce dalla collaborazione con il
coautore : (sotto nella foto)…
Maiale di fatto come nella vita…
Esperto Suinologo, studioso degli
usi e consumi primordiali e moderni
del Suino. Eccezionale disegnatore.
Basta che non mangia, rutta o…
quando disegna.
Tra le sue recenti pubblicazioni:

Maiali si muore.
Maiale ferisce salame perisce.
L'antica storia dei Maya-li
Mai dire Maiale
Porco mondo

youcanprint

Finito di stampare nel mese di Marzo 2015
per conto di Youcanprint *Self-Publishing*